ISBN : 978-2-7540-7580-0
Dépôt légal : décembre 2015
Achevé d'imprimé : novembre 2015
Imprimé en Italie par Ercom

Correction : Christine Cameau
Couverture et mise en page : Nicolas Galy pour NoOok

Éditions First, un département d'Édi8
12, avenue d'Italie
75013 Paris – France
Tél. : 01 44 16 09 00
Fax : 01 44 16 09 01
E-mail : firstinfo@efirst.com

Site Internet : www.editionsfirst.fr

FRANÇOIS JOUFFA & FRÉDÉRIC POUHIER

Tu sais que tu as 40 ans (OU +) quand...

FIRST
Editions

Avant-propos

Vous avez la quarantaine, le bel âge ! Enfin, le bel âge si on en croit les quinquagénaires. Les jeunes de 20 ans, eux, vous prennent déjà pour un vieux, un papy ou, au mieux, un préretraité ! Je sais, ça fait mal.

Pourtant, à 40 ans, on se sent toujours un peu comme un gamin. Un gamin qui, bien qu'ayant un travail, des responsabilités, des enfants, ne peut s'empêcher de retomber en enfance devant une rediffusion de *Goldorak* ou de *Candy* à la télévision ou en tombant, par hasard, dans le grenier de ses parents, sur son vieux mange-disques orange et sa collection de 45 tours.

Comme si vous montiez à bord de la *DeLorean* de Marty McFly dans *Retour vers le futur*, un de vos films cultes, c'est une balade à travers les méandres de votre passé que nous vous proposons au fil de ces quelques pages. De l'humour, de la nostalgie, et énormément de souvenirs.

F.P.

TU SAIS QUE TU AS 40 ANS QUAND…

- … tu as l'impression d'en avoir 25.
- … tu commences à appeler les jeunes, « les jeunes ».
- … tu trouves que l'inconvénient des concerts, c'est de devoir rester debout.
- … tu as le réflexe de regarder ton âge dans le fond des verres Duralex.
- … tu connais par cœur les sketchs des *Inconnus. Avec Télémagouilles, on en a…* ?

Témoignage

« Je ne fais pas de crise de la quarantaine, je me sens jeune. Bien trop jeune pour m'engager. Je vais d'ailleurs l'expliquer à ma femme et à mes deux enfants. »

Avant / Maintenant

Avant, pour appeler
les renseignements,
on composait le 12.

Maintenant, on compose
le **118 228**, non, **118 236**,
non, **118**… Bref, on cherche
le numéro sur Internet.

SI TU RACONTES ÇA À DES JEUNES, ILS NE TE CROIRONT JAMAIS !

- Tu n'avais le choix qu'entre 5 sonneries sur ton premier téléphone portable.
- Tu as utilisé des appareils photos jetables.
- Tu respirais de la colle Cléopâtre pour être *stone*.
- Tu as connu Michael Jackson noir.
- Tu ne ratais jamais le film érotique de M6 le dimanche soir après *Culture pub*.

TU SAIS QUE TU AS 40 ANS QUAND...

- ... tu aimerais encore pouvoir envoyer des wizz sur MSN Messenger.
- ... tu dois réfléchir et compter sur tes doigts pour trouver l'année de ton bac.
- ... tu passes 20 minutes à choisir une bouteille de vin chez Nicolas, en discutant des cépages avec le vendeur.
- ... tu te souviens de nuits entières passées à jouer à Tetris.
- ... les pores dilatés sont tes nouveaux amis.

Citation

« Les visages difficiles
comme le mien
se burinent et, arrivés
à la quarantaine,
deviennent intéressants. »

Serge Gainsbourg

Quiz télé des années 80

Avant de devenir une star du cinéma, dans quelle série Johnny Depp a-t-il débuté ?

a) *Sauvé par le gong*

b) *Notre belle famille*

c) *21 Jump Street*

d) *K2000*

(Réponse : c)

SOUVIENS-TOI, TU AVAIS DÉJÀ 20 ANS QUAND...

- ... François Mitterrand est mort.
- ... le service militaire a été supprimé.
- ... France Télécom a changé nos numéros de téléphone.
- ... Jacques Chirac a battu Lionel Jospin à l'élection présidentielle.
- ... Kobe, au Japon, a été victime du tremblement de terre.

TU SAIS QUE TU AS 40 ANS QUAND...

- ... tu as, depuis peu, une armoire à pharmacie dans ta salle de bains.
- ... tu prononces cette phrase un soir : « Sortir en boîte ? Tu ne préfères pas plutôt essayer le nouveau resto thaï ? »
- ... la vendeuse te refile des échantillons d'antirides.
- ... tu te plains de payer trop d'impôts.
- ... tu es excité d'avoir acheté un nouveau matelas.

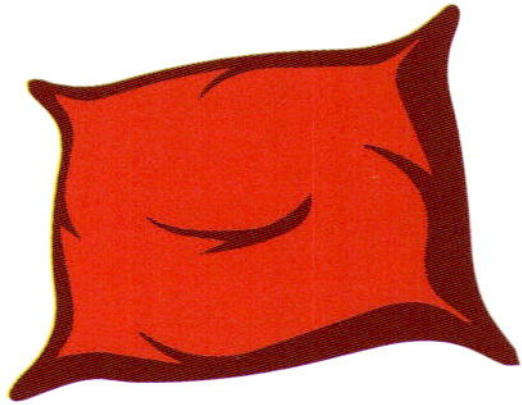

À MÉDITER

Essaie d'expliquer à tes enfants que tu as eu ton premier téléphone portable quand tu avais une vingtaine d'années et que ton premier abonnement Internet était d'une heure de connexion par mois !

Playlist

**SOUVIENS-TOI,
TU AVAIS DÉJÀ 20 ANS
QUAND PASSAIENT À LA RADIO :**

« Dieu m'a donné la foi »
d'Ophélie Winter

« Viens voir le docteur » de Doc Gynéco

« La Macarena » de Los del Rio

« Killing Me Softly » des Fugees

« Wannabe » des Spice Girls

« Les poèmes de Michelle »
de Teri Moïse

« Soirée disco » de Boris

PRÉNOMS LES PLUS DONNÉS, IL Y A UNE QUARANTAINE D'ANNÉES

Il y a 70 % de chances pour que tu t'appelles :

♂ **Sébastien, Frédéric, David, Stéphane, Laurent, Christophe, Cédric ou Vincent.**

♀ **Stéphanie, Sandrine, Nathalie, Céline, Virginie ou Karine.**

TU SAIS QUE TU AS 40 ANS QUAND...

- ... dans une soirée, vous discutez entre amis des qualités et défauts de vos baby-sitters respectives.
- ... tu vois dans un vide-grenier les puces sauteuses que tu avais en cadeau avec ton *Pif Gadget*.
- ... tu te souviens des heures et des heures passées à jouer au Rubik's cube.

- ... tu connais, par cœur, la chanson de *Oum le dauphin* de la pub Galak.
- ... tu as mal au dos. Comme ça, sans raison.

TES SECRETS INAVOUABLES

- Tu as longtemps essayé d'imiter Arnold, de la série *Arnold et Willy* : « Mais qu'est-ce que tu me racontes là ? », en prenant un accent black américain.
- Tu as dansé, seul devant ton miroir sur la chanson « What is love ? » de Haddaway.
- Tu faisais la collection de pin's.
- Tu étais fan de boys band.
- Avec tes copains, vous vous échangiez des photos érotiques sur des disquettes 3 pouces ½.

Quiz télé des années 80

Il t'a fait rire
tous les soirs
à 20 heures sur
M6 dans le rôle
du docteur Huxtable.
De qui s'agit-il ?

a. Tony Danza

b. Bill Cosby

c. Jerry Seinfeld

d. Alf

(Réponse : b)

LES 5 PHRASES À NE JAMAIS DIRE À UN HOMME DE 40 ANS

- « Tu te rends compte que tu as dépassé la moitié de ta vie ? »
- « Pour les employeurs, tu es déjà vieux. »
- « Tu as l'âge de mon père. »
- « Tu commences à avoir des cheveux gris. »
- « Tu devrais vérifier si tu as du cholestérol. »

TU SAIS QUE TU AS 40 ANS QUAND...

- ... ta stagiaire te dit : « J'aimerais beaucoup être comme vous au même âge. »
- ... tu ne comprends pas ce que signifie l'expression « Yolo ».
- ... tu as encore des bribes d'allemand, car tes parents te l'ont fait prendre en première langue au collège.
- ... la soirée, c'est vendredi OU samedi, point !
- ... tu commences à égrener le nombre de chanteurs morts que tu connais...

AVANT / MAINTENANT

Avant, il fallait passer des heures de recherches à la bibliothèque pour travailler sur un devoir.

Maintenant, il suffit de faire un copier-coller de Wikipédia.

CITATION

« Après 40 ans
une femme doit choisir
entre sa silhouette
et son visage. Choisissez
le visage et restez assise. »

Barbara Cartland

LES JOUETS QUE TU AVAIS COMMANDÉS POUR NOËL

- *La Bonne Paye*. Le jeu de société qui préparait à avoir des fins de mois difficiles.
- Un *Action Man*, la poupée barbue de Mattel.
- Un *Mastermind*. Le jeu où il fallait découvrir le code de son adversaire.
- Un circuit électrique grâce auquel tous les petits garçons se rêvaient en pilote de formule 1.

Attention, danger !

6 CRISES DE LA QUARANTAINE À ÉVITER SI TU ES UN HOMME

- Acheter une Harley Davidson alors que tu as déjà peur en scooter.
- Quitter femme et enfants pour Nadia. Elle est peut-être très mature, mais elle n'a que 17 ans.
- Acheter une voiture de course alors que tu as encore le crédit de la Clio à payer.
- S'inscrire à *Secret story*. « Mon secret, j'ai 40 ans. Comment ça ? Ça se voit ? »
- Se lancer dans l'humanitaire en Afrique alors que tu es hypocondriaque.
- Tout plaquer pour ouvrir un vidéo-club parce que tu penses que c'est un business qui a de l'avenir.

LISTE DES PAYS QUE TU AS CONNUS ET QUI ONT MAINTENANT DISPARU

- La République démocratique allemande (1990)
- L'URSS (1991)
- La Tchécoslovaquie, devenue la République tchèque et la Slovaquie (1992)
- La Yougoslavie (2003)

Quiz télé des années 80

Avec la série *Magnum*, qui est devenu le moustachu le plus célèbre des années 80 ?

a. Harrison Ford

b. Tom Selleck

c. Justin Bieber

d. Richard Dean Anderson

Réponse : b)

OUPS

4 RAISONS DE PENSER QUE TON NOUVEAU COPAIN EST TROP JEUNE

1. ... Il passe plus de temps sur sa console de jeu que sur toi.
2. ... Tu l'aides à avoir son permis en conduite accompagnée.
3. ... Il n'a jamais entendu parler de la série *Le Prince de Bel-Air*.
4. ... Il adore les vidéos de Norman.

RAISON DE PENSER QUE TA NOUVELLE COPINE EST TROP JEUNE

Aucune

SI TU RACONTES ÇA À DES JEUNES, ILS NE TE CROIRONT JAMAIS !

- Tu regardais une série faite en pâte à modeler avec deux personnages *Chapi Chapo*.
- Tu as mangé des barres chocolatées de la marque Yes.
- Tu as été fan de Chantal Goya.
- Tu as connu le Paris-Dakar quand il se courait entre Paris et Dakar.
- Le seul jeu disponible sur ton premier téléphone était *Snake*.

Mise au point !

Je n'ai pas 40 ans !
J'ai toujours
20 ans mais
avec 20 ans
d'expérience !

Tu sais que tu as 40 ans quand...

✦ … tu te souviens de l'ami Ricoré.

✦… tu n'envisages même pas de frauder dans le métro.

✦… tu te sens obligée de faire une retouche maquillage avant d'aller faire tes courses.

✦… tu retrouves ta collection de cartes téléphoniques dans un carton, chez tes parents.

✦… tu retombes sur une vieille photo de toi et tu te dis : « Ah ouais, quand même ! »

5 PREUVES QUE TU ES ENCORE UN GAMIN OU UNE GAMINE MALGRÉ TON ÂGE

- Tu caches à tes parents que tu fumes.
- Quand tu manges un Carambar, tu ne peux t'empêcher d'en faire un appareil dentaire.
- Tu ne supportes pas de perdre aux jeux de société contre ton fils.
- Tu as une trottinette pour aller au travail.
- À Disneyland®, tu t'amuses plus que tes enfants.

TU SAIS QUE TU AS 40 ANS QUAND...

- ... tu as déjà composé le 16-1 sur ton téléphone à cadran avant d'appeler à Paris.
- ... tu as bu du chocolat Benco au goûter.
- ... tu as lu les aventures de François, Mick, Annie, Claude et de leur chien Dagobert dans *Le Club des Cinq*.
- ... tu as déjà prononcé cette phrase : « Tu me prêtes ta K7 de *Dance Machine* pour la copier ? »
- ... tu harcelais ta mère pour qu'elle t'achète des tee-shirts Waikiki.
- ... tu allais jouer sur des jeux d'arcade le samedi après-midi.

LE POINT COMMUN

Quel est le point commun entre les hommes de 40 ans qui fréquentent les bars pour célibataires ?

➥ Ils sont tous mariés.

Avant/Maintenant

Avant,
les réseaux
sociaux étaient
de vrais amis
que vous preniez
plaisir à voir.

Maintenant,
ce sont des contacts
sur Facebook.

SI TU RACONTES ÇA À DES JEUNES, ILS NE TE CROIRONT JAMAIS !

- Tu séchais les cours pour aller jouer au babyfoot.
- Un autoradio avec K7 autoreverse était le summum de la modernité.
- Tu as fumé dans les restaurants, dans les trains, et même dans les avions.
- Tu as fait des cauchemars en regardant le clip « Thriller » de Michael Jackson.
- Tu rêvais d'avoir une Renault Alpine.

5 PHRASES QUE TU AS PRONONCÉES QUAND TU ÉTAIS ADO

★ « Tu me prêtes un crayon pour remettre la cassette au début ? »

★ « Tu es déjà allé sur le 3615 ULLA, toi ? »

★ « Je file acheter une Mobicarte et je t'appelle. »

★ « Désolé, je ne peux plus prendre de photos, la pellicule est finie. »

★ « On se loue une VHS au vidéo-club ce soir ? »

Citation

« 40 ans est un âge terrible. Car c'est l'âge où nous devenons ce que nous sommes. »

Charles Péguy

Citation

« Ne me demandez pas mon âge, il change tout le temps. »

Alphonse Allais

Le changement, c'est maintenant

LES 5 CHOSES QUI ONT CHANGÉ EN VINGT ANS DANS TA VIE D'HOMME

- Quand tu dragues une fille de 20 ans, elle te regarde comme si tu en avais 60.
- Avant, ta mère te traitait comme un ado. Maintenant aussi, mais ça devient vraiment gênant.
- Avant tu draguais à la sortie des lycées. Maintenant tu dragues les mamans à la sortie du collège.
- Avant tu étais un stagiaire maltraité par ton chef. Maintenant tu es un chef qui maltraite ses stagiaires.
- Avant tu râlais contre le gouvernement car trop à droite. Maintenant tu râles contre le gouvernement car trop à gauche.

Quiz télé des années 80

Comment s'appelait la voiture de David Hasselhoff dans la série *K2000* ?

a. KITT

b. Kilt

c. Kitty

d. Titinne

(Réponse : a)

Attention, danger !

5 CRISES DE LA QUARANTAINE À ÉVITER SI TU ES UNE FEMME

- Quitter ton mec pour aller vivre sur une plage avec Mario, un surfeur macho qui n'a pas un rond.
- Tout plaquer pour ouvrir une chambre d'hôtes à Tripoli.
- Vendre un de tes enfants pour agrandir le dressing de la maison.
- Repeindre les murs de ton pavillon en rose, parce que tu penses que ça fait plus joyeux.
- Prendre un bain de sang de vierge pour rester jeune (à moins que tu sois la femme de Dracula).

TU SAIS QUE TU AS 40 ANS QUAND...

- ... tu assistes à des réunions de copropriétaires.
- ... tu sais que les produits laitiers sont nos amis pour la vie.
- ... tes parents sont devenus des grands-parents.
- ... tu es devenu le voisin qui demande aux jeunes d'à côté de baisser le son.
- ... tu te dis qu'aller au McDo signifie automatiquement prendre un kilo.

Citation

« Ne pas être anarchiste à 16 ans, c'est manquer de cœur. L'être encore à 40 ans, c'est manquer de jugement. »

George Bernard Shaw

Avant / Maintenant

Avant, on avait le choix entre 4 parfums de glaces : chocolat, vanille, pistache et café.

Maintenant, il y en a 200 de disponibles. Je conseille pour ma part les glaces papaye-anchois sans gluten.

6 RAISONS ÉVIDENTES DE PRÉFÉRER AVOIR 40 ANS PLUTÔT QUE 18

1. Fini, les études, plus de devoir à faire le week-end ! Seulement des dossiers urgents à boucler.
2. Ne plus avoir à se justifier de ses dépenses auprès de ses parents, juste auprès de sa femme ou son mari.
3. Ne plus faire l'amour à l'arrière d'une 205 d'occasion mais dans un lit douillet.
4. Ne plus avoir à choisir entre se payer une place de cinéma ou un restaurant.
5. Ne plus avoir de problèmes d'acné.
6. Pouvoir partir en vacances ailleurs que dans un camping.

To do list

LES 5 CHOSES QUE TU T'ÉTAIS JURÉ DE FAIRE AVANT 40 ANS MAIS QUE TU N'AS JAMAIS FAITES

- ★ Sauter à l'élastique.
- ★ Écrire un roman.
- ★ Apprendre une nouvelle langue étrangère.
- ★ Te mettre au sport.
- ★ Faire un plan à trois (mais ta femme n'est pas vraiment d'accord).

XXX

LES SLOGANS PUBLICITAIRES DE TA JEUNESSE

Meule d'or, si je t'attrape, je te mords !

Banga, en route pour l'aventure.

Déodorant Oé ! Pour aller jusqu'au bout.

T'as craché dans ton Yop ?

Les lave-linge durent plus longtemps avec Calgon.

Avant / Maintenant

Avant on volait
des disques
dans les magasins.
Maintenant
on les télécharge.

BONNES RAISONS

5 BONNES RAISONS DE SORTIR AVEC UN HOMME DE 40 ANS

1. Il est moins fauché qu'un homme de 20 ans.
2. Il a plus d'argent qu'un homme de 20 ans.
3. Il a un travail, donc de l'argent.
4. Il peut te gâter plus qu'un homme de 20 ans.
5. Ai-je mentionné le fait qu'il a plus d'argent ?

ÇA URGE !

Encore célibataire à 40 ans, que faire ?

1. Sortir en club et mentir sur ton âge : tu as officiellement 35 ans et des poussières.
2. S'inscrire sur un site de rencontres et mentir sur ton âge : tu as officiellement 35 ans et des poussières.
3. Demander à des amis de te présenter des célibataires et mentir sur ton âge : tu as officiellement 35 ans et des poussières.
4. Faire des speed-dating et mentir sur ton âge : tu as officiellement 35 ans et des poussières !
5. Rappeler tes ex, mais inutile de mentir sur ton âge à moins qu'ils ou elles soient atteints de la maladie d'Alzheimer.

Citation

« J'ai 39 ans…
plus les taxes. »

Liberace

Quiz des années 90

Qui a réalisé le film *Fight Club* en 1999 ?

a. Brian De Palma
b. Martin Scorsese
c. John McTiernan
d. David Fincher

(Réponse : d)

RUBRIQUE SANTÉ

Monsieur, 6 raisons de commencer un petit régime

1. À 40 ans, les poignées d'amour se transforment vite en bouées d'amour.
2. Votre taux de cholestérol est aussi élevé que le taux d'imposition depuis que la gauche est au pouvoir.
3. Vous ne rentrez plus dans votre costume de mariage, ni dans votre femme d'ailleurs.
4. Le vin, le cidre et la manzana ne comptent pas dans les cinq fruits et légumes par jour.
5. Leonardo DiCaprio a certes de la bedaine, mais c'est Leonardo DiCaprio.
6. Le seul vêtement encore à la bonne taille dans votre dressing est une écharpe.

TU SAIS QUE TU AS 40 ANS QUAND...

- ★ ... tu as déjà essayé de faire du moonwalk comme Michael Jackson.
- ★ ... tu rêvais d'avoir un Gizmo, le gentil Gremlin, à la maison.
- ★ ... tu adorais les distributeurs de bonbon Pez.
- ★ ... tu as collectionné les fiches chansons de *Télé Poche*.
- ★ ... tu as vu trente fois *La Grande Vadrouille*.

BONNES RÉSOLUTIONS

5 bonnes résolutions à prendre depuis que tu es quadra

1. S'abonner à un club de sport et ne pas abandonner après seulement une séance.
2. S'abonner à un club de sport et ne pas abandonner après seulement deux séances.
3. S'abonner à un club de sport et ne pas abandonner après seulement trois séances.
4. S'abonner à un club de sport et ne pas abandonner après seulement quatre séances.
5. S'abonner à un club de sport et ne pas abandonner du tout.

Quiz des années 90

Quel groupe a dû changer son nom au début de la première guerre du Golfe par crainte de censure ?

a. Guns N'Roses

b. Nirvana

c. Massive Attack

d. Indochine

(Réponse : c)

SI TU RACONTES ÇA À DES JEUNES, ILS NE TE CROIRONT JAMAIS !

- Il n'y avait qu'un seul enfant de divorcé dans ta classe.
- Tes parents t'ont offert des cigarettes en chocolat.
- Lorsque tu voulais courir en écoutant de la musique, ton lecteur CD portable sautait tout le temps.
- Tu as déjà envoyé une lettre d'amour pour draguer.
- Quand tu étais jeune, la radio Skyrock diffusait du rock.

TU SAIS QUE TU AS 40 ANS QUAND...

- ... tu as déjà utilisé le télétexte sur une télévision.
- ... tu as mangé des BN au goûter.
- ... tu as fait du sport devant la télé en regardant Véronique et Davina.
- ... tu as eu une vignette sur ta voiture.
- ... tu as roulé en Renault Supercinq.

Blague

« Tu as quel âge ?
– 39.
– Ah oui, tu vas sur tes 40 ans.
– Non, je retourne vers mes 38, ils me manquent. »

PUB

LES SLOGANS PUBLICITAIRES DE TA JEUNESSE

« Mais qu'est-ce que tu bois
Doudou dis donc ? Oasis… »

« Pouss' Mousse, tu pousses
et ça mousse. »

« Il fait trop chaud pour
travailler. Pulco citron… »

« Quand y'en a marre, y'a Malabar. »

« Vahiné, c'est gonflé. »

LA QUARANTAINE, C'EST QUAND MÊME UN PEU VIEUX POUR...

- ... un mannequin (sauf Kate Moss, née en 1974).
- ... faire de la trottinette.
- ... rire aux blagues de Kev Adams.
- ... porter une cagoule l'hiver pour ne pas attraper froid.
- ... faire du toboggan dans un jardin public.

LES 6 ÉMISSIONS DE TÉLÉVISION QUI TE MANQUENT… OU PAS

★ ***La Nuit des héros.*** Quand Laurent Cabrol essayait de nous faire verser une petite larme avec des reconstitutions ratées d'actes héroïques.

★ ***Qui est qui ?*** Jeu animé par Marie-Ange Nardi et la jolie Pépita. Le concept : essayer de deviner le métier ou la passion de 6 personnes.

★ ***Le Bigdil.*** Jeu lourdingue animé par Vincent Lagaf et Bill… un extraterrestre.

- ★ ***Mystère.*** Une émission d'Alexandre Baloud que l'on regardait pour se faire peur. Elle diffusait des « reportages » et des « reconstitutions » aussi mal jouées qu'une sitcom AB Productions sur des phénomènes paranormaux.
- ★ ***Temps X.*** L'émission culte des frères Bogdanov. Ils étaient habillés en pyjama bleu dans un décor de vaisseau spatial. Parce que, oui, dans le futur, en 2000, nous volerons tous dans des vaisseaux spatiaux.
- ★ ***Jeux sans frontières.*** Sorte de concours de l'Eurovision de la bêtise, où une vingtaine de pays s'affrontaient dans des épreuves hautement intellectuelles, comme traverser une piscine sur une planche savonneuse habillé en Schtroumpf poursuivi par une vachette.

Vous êtes le plus fort

40 ans, ni Jésus
ni Mozart
ne sont arrivés
jusqu'à cet âge !

Tes secrets INAVOUABLES

- Tu étais super jaloux de ton copain parce que ses parents lui avaient acheté un bipeur Tam-tam.
- Tu as mis du temps à comprendre que le terrain dans *Olive et Tom* était bien trop grand. Et que, non, on ne peut pas marquer des buts en s'appuyant sur le poteau pour sauter.
- Tu t'es senti trahi quand tu as appris que le groupe Milli Vanilli était une supercherie et que ce n'était pas les deux beaux gosses qui chantaient.
- Tu as voulu te mettre au surf après avoir vu le film *Point Break*.
- Tu portais un sac banane à la ceinture.

TU SAIS QUE TU AS 40 ANS QUAND...

- ... on t'a déjà dit : « Mais on est trop vieux pour sortir ici ! »
- ... tu trouves que 50 ans, ce n'est pas si vieux.
- ... tu sais qui était Garcimore.
- ... tu es incapable de comprendre un SMS envoyé par un ado.
- ... tu as une étagère de ta bibliothèque remplie de livres de régimes.

MIAM !

Blague des années 90

Comment appelle-t-on une relation sexuelle à la Maison Blanche ?

Un rapport de stage.

SOYONS POSITIFS

40 ans
en chiffres romains
s'écrit XL.
C'est le moment
de voir la vie
en grand !

Trucs & astuces

Comment éviter à tout prix que l'on te souhaite ton anniversaire

- ✘ Pars sur une île déserte ou en Picardie, bref, dans un endroit où il n'y a aucune civilisation.
- ✘ Fâche-toi avec tous tes amis une semaine avant la date de ton anniversaire.
- ✘ Change d'identité et pars vivre en Uruguay.
- ✘ Prends exemple sur Xavier Dupont de Ligonnès, fais le vide dans ta famille.
- ✘ Prétexte une allergie aux gâteaux d'anniversaire et aux bons sentiments.

Rubrique beauté

MADAME, COMMENT AVEZ-VOUS VÉCU L'APPARITION DE VOS PREMIÈRES RIDES ?

- Vous étiez dans le déni, ce ne sont pas des rides mais des cernes de fatigue.
- Vous vous êtes ruée chez Sephora pour dévaliser le rayon antirides.
- Vous avez tapé « Botox pas cher » sur Internet.
- Vous vous êtes dit qu'après tout, les rides donnent du charme et vous avez augmenté votre dose d'antidépresseurs.

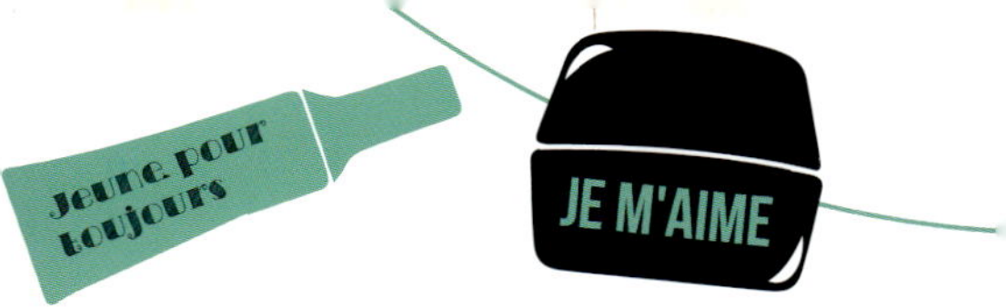

♥ Vous n'avez pas de rides, vous n'aurez jamais de rides et la première personne qui vous fera remarquer que vous avez des rides finira à l'hôpital !

MONSIEUR, COMMENT AVEZ-VOUS VÉCU L'APPARITION DE VOS PREMIÈRES RIDES ?

♥ Vous vous en fichez.

♥ Vous ne les aviez même pas remarquées.

♥ Vous préférez avoir des rides plutôt que de perdre vos si beaux cheveux.

♥ Vous n'avez pas de rides mais des rayons de soleil sur le côté des yeux.

♥ Vous volez en cachette l'antirides de madame, mais ne lui dites pas, ça ne fait pas très viril.

Le sais-tu ?

UNE QUESTION À LAQUELLE SEULS LES QUADRAS PEUVENT RÉPONDRE

D'où vient le Capitaine Flam, dans la mesure où il n'est pas de notre galaxie ?

(Réponse : du fond de la nuit !)

TU SAIS QUE TU AS 40 ANS QUAND…

- … tu as connu l'époque où avoir de la moquette dans sa chambre était un signe de confort.
- … tu rêvais que tes parents prennent un Minitel.
- … tu achetais *Picsou magazine* avec ton argent de poche.
- … tu étais déjà trop vieux quand Eurodisney a ouvert en France.
- … tu rêvais de pouvoir bricoler comme MacGyver.

LES 7 MOMENTS OÙ TU AS PRIS UN COUP DE VIEUX

- Le jour où tu as reçu ton premier cadeau de fête des Pères ou des Mères payé avec l'argent de tes enfants.
- Le jour où tu as réalisé que les enfants nés en 2000 étaient déjà des ados.
- Le jour où tu as repéré ton premier poil ou cheveu blanc.
- Le jour où tu as réalisé que la jolie fille que tu admires au bureau pourrait être ta fille.
- Quand tu as été le plus vieux ou la plus vieille à une soirée.
- Quand ta stagiaire t'a dit qu'elle était née en 1999.
- Quand tu as arrêté de boire du café après 15 heures pour ne pas t'empêcher de dormir.

HOT

Qui était votre fantasme de jeunesse, messieurs ?

- Sophie Marceau
- Vanessa Paradis
- La « chanteuse » Sabrina dans sa piscine avec son soutien-gorge trop petit

Qui était votre fantasme de jeunesse, mesdames ?

- Brad Pitt dans *Légendes d'automne*
- Brad Pitt dans *Ocean Eleven*
- Brad Pitt dans tous ses films
- Patrick Swayze dans *Dirty Dancing*

Citation

« Passé 40 ans, on est responsable de son visage. »

Léonard de Vinci

SI TU RACONTES ÇA À DES JEUNES, ILS NE TE CROIRONT JAMAIS !

- Tu n'avais qu'un téléphone fixe à la maison et tu avais peur que tes parents écoutent tes conversations sur un autre combiné.
- Ta première voiture avait des sièges en jean.
- Tu regardais le film porno de Canal + en crypté.
- Le premier téléphone portable, le Bi-Bop, ne pouvait pas recevoir d'appel mais on pouvait téléphoner dans la rue, si on se trouvait à côté d'une borne.
- La souris de ton premier ordinateur avait une boule qui se coinçait tout le temps.

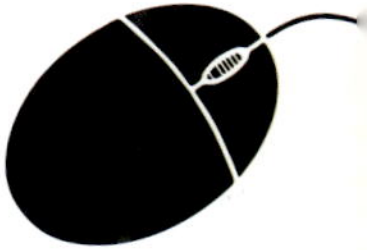

TU SAIS QUE TU AS 40 ANS QUAND...

- ★ ... tu parles de *X-Files* en public et que les jeunes autour de toi pensent qu'il s'agit d'un film pornographique.
- ★ ... la majorité de tes produits de beauté ont un complexe anti-âge.
- ★ ... tes recherches sur Internet pour ton jeudi soir ne sont plus « afterwork + open bar » mais « réservation de salle de squash ».
- ★ ... tu peux chanter la chanson des *Barbapapa.*
- ★ ... ta chanson préférée de tous les temps sortie en 1988 passe maintenant sur Nostalgie.

QUIZ DES ANNÉES 90

Quelle drogue était populaire dans les soirées raves ?

a. Le céleri-rave
b. L'ecstasy
c. L'absinthe
d. Le Poppers

(Réponse : b)

Quiz des années 90

Lequel de ces joueurs français n'a pas appartenu à l'équipe de France de football championne du monde en 1998 ?

a. Eric Di Meco

b. Zinédine Zidane

c. Alain Boghossian

d. Stéphane Guivarc'h

(Réponse : a)

TU SAIS QUE TU AS 40 ANS QUAND...

- ... tu as eu une adresse mail : @caramail.fr
- ... tu as regardé la série *Santa Barbara* en dînant.
- ... tu adorais les livres dont tu étais le héros.
- ... tu as porté un sac US avec le nom de ton groupe préféré écrit au Tipp-Ex.
- ... tu as déjà prononcé cette phrase : « Ça va couper, j'ai plus de pièces. »

LES JOUETS DE TON ENFANCE

- **La Dictée magique :** une voix de robot te dictait un mot et tu devais le taper sur la machine.
- **Le Télécran :** l'ancêtre de la tablette où on pouvait faire des dessins grâce à deux boutons, un pour aller de haut en bas, l'autre de gauche à droite.
- **Les scoubidous,** jeu préféré des filles.
- **Puissance 4 :** quatre pions alignés et c'est gagné.
- **La Nintendo Game & Watch.**
- **Le Subbuteo,** ou comment jouer au foot en faisant des pichenettes.

Quiz des années 90

La série *Melrose Place* raconte la vie de trentenaires dans un quartier branché de…

a. New York
b. Los Angeles
c. Las Vegas
d. Chicago

(Réponse : b)

Quiz des années 90

Comment s'appellent les jumeaux dans Beverly Hills 90210 ?

a. Brandon et Brenda Walsh

b. Kevin et Sandy Walsh

c. Brandon et Laura Walsh

d. Brandy et Brandon Walsh

(Réponse : a)

C'EST RINGUE !

Les 7 expressions les plus ringardes des années 80/90

- Tu veux pas 100 balles et un Mars ?
- C'est Okayyyyy ! (En imitant Jacquouille la fripouille…)
- Oki, doki.
- Ça me file la banane !
- C'est giga bien !
- À la one again !
- 36-15 code Relou.

LES 5 PHRASES QUE N'ENTENDRONT JAMAIS LES JEUNES

1. « T'es dans l'annuaire ? »
2. « Tu veux pas changer de chaîne tant que tu es debout ? »
3. « Sur ce disque la face B est bien mieux que la face A ! »
4. « Tu connais quelqu'un qui vend des décodeurs pirates pour Canal + ? »
5. « J'ai pas encore fait développer la pellicule. »

TES SECRETS INAVOUABLES

- Tu as pleuré devant *Bambi.*
- Tu connaissais par cœur (et tu peux encore le chanter) le générique de *X-Or, le sherif de l'espace.*
- En boum, tu attendais le duo Elsa et Glenn Medeiros pour inviter une copine à danser.
- Tu étais amoureuse du chanteur Nick Kamen.
- Tu as fait partie du fan-club de Karen Cheryl.

CHÉRI CHÉRI...

Tes secrets INAVOUABLES

- Tu as fait des cauchemars avec Freddy Krueger.
- Tu as bavé devant les affiches des publicités Wonderbra.
- Tu étais amoureuse de George Michael et tu pensais qu'il était hétéro.
- Tu as eu un Kiki, le kiki de tous les kikis.
- Tu as découvert la nourriture japonaise en regardant les dessins animés du Club Dorothée.

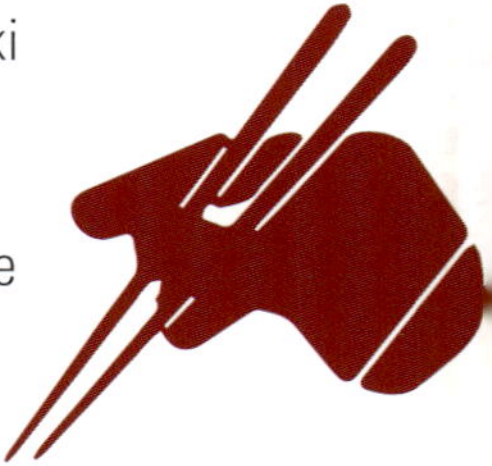

Citation

« Vous n'êtes
jamais trop vieux
pour vous fixer un autre
but ou pour rêver
un nouveau rêve. »

Aristote